¿LO SABÍAS?

El Mundo de las MÁQUINAS

Textos de Jenny Vaughan
Traducción de Delia M. G. de Acuña
Ilustraciones de Sallie Reason

? ? ? ? ? ? ? ? ? ? ? ? ?

Colección ¿LO SABÍAS?
EDITORIAL SIGMAR

C. Martin

S0-ALN-737

TÍTULOS DE ESTA COLECCIÓN

El Mundo de la Ciencia
El Mundo de las Máquinas
El Mundo de la Naturaleza
El Poder del Cuerpo

CONTENIDO

1. ¿El cascanueces es una máquina?

*El cascanueces es una máquina igual que muchas otras cosas pequeñas que usamos diariamente. Una máquina es todo aquello que ayuda a hacer un trabajo de manera más fácil. Una persona puede romper la cáscara dura de una nuez con un cascanueces, aunque no tenga fuerza suficiente como para romperla con la mano. La mayoría de los cascanueces están formados por dos **palancas** (ver página 10). Una palanca es una barra que se usa para levantar o mover objetos. El subibaja es una palanca, lo que significa que es también una máquina.*

2. ¿Se puede obtener electricidad del viento?

Con la fuerza del viento se puede producir electricidad, usando un tipo especial de **molino de viento.** Los molinos poseen grandes aspas que giran con el viento. Este movimiento se usa para hacer funcionar máquinas. En el pasado, esto podría haberse utilizado para moler el grano o para extraer agua, pero estos modernos molinos de viento que vemos aquí son generadores que producen electricidad. Estos molinos sólo funcionan en zonas muy ventosas, donde la velocidad promedio del viento es de 32 km por hora (km.p.h.), lo cual se produce en islas alejadas u otros lugares donde hay vientos fuertes que soplan del mar.

Otra forma de generar electricidad con el viento es usando el poder de las olas marinas. El viento produce las olas y el movimiento de las mismas es usado para hacer funcionar un generador

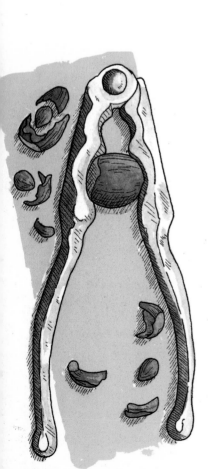

3. ¿Realmente se pensaba que el Titanic no se podía hundir?

El *Titanic* era un transatlántico de lujo que se hundió en su viaje inaugural, en 1912. Su casco estaba dividido en 16 compartimientos herméticos. Aunque se inundasen cuatro de estos compartimientos, el barco podría flotar. Todo el mundo creía que no se podía hundir. Pero cuando a las 2.20 hs del 15 de Abril el barco chocó contra un témpano de hielo, se inundaron cinco de los compartimientos y la nave se hundió. Murieron ahogadas más de 1500 personas. En 1985 se encontraron los restos del Titanic en el fondo del océano, a unos 4000 m de profundidad.

4. ¿El helicóptero fue inventado en el siglo XV?

El primer helicóptero fue fabricado en 1907. Pero mucho antes alguien había ideado uno. Leonardo da Vinci, inventor y artista italiano que vivió entre 1452 y 1519, dibujó muchos inventos, incluyendo las máquinas de volar. Aproximadamente en 1483, diseñó una máquina que, si hubiese sido fabricada, habría volado como un helicóptero.

5. ¿Alguna vez se prohibió manejar un auto a más de 6 km por hora?

Los primeros autos eran carretas de vapor. Alcanzaban una velocidad de 48 km.p.h., pero no podían detenerse fácilmente. En 1865 se aprobó una ley por la que se les prohibía ir a más de 6 km.p.h., y en la ciudad debían ir aún más despacio.
Una persona tenía que caminar adelante con una bandera roja para advertirle a la gente de su llegada.
El automóvil de vapor del francés Amédée Bollée cubrió, en 1875, el trayecto entre París y Le Mans en 18 horas.

6. ¿Los barcos pueden navegar contra el viento?

Los veleros navegan impulsados por el viento, por eso podría pensarse que sería imposible navegar en contra del viento. Sin embargo, pueden hacerlo navegando en zig zag. Las velas deben acomodarse para que reciban el viento, con lo cual el casco del barco se mueve en diagonal. Luego se acomodan las velas para que el barco navegue con un ángulo diferente. A este tipo de navegación se la denomina **virada.** Los barcos antiguos con velas cuadradas no podían virar fácilmente porque las velas tenían movimientos limitados.

Dirección del viento

7. ¿Una persona podría levantar el mundo?

Aproximadamente 250 años A.C., el matemático griego Arquímedes elaboró una teoría que mostraba cómo una persona podría levantar el mundo usando una palanca. Una palanca es una barra colocada sobre un **punto de apoyo.** Cuando se presiona en un extremo, el otro extremo se levanta. Se pueden levantar objetos muy pesados con una palanca larga y poniendo el punto de apoyo lo más cerca posible del objeto que uno desea levantar. Para levantar el mundo, se necesitaría una palanca muy fuerte, que midiese miles de kilómetros.

Resistencia

Palanca

Punto de apoyo

Potencia

8. ¿Se usan las ruedas de agua?

Estas ruedas han sido usadas por cientos de años para hacer funcionar los molinos de harina. Una rueda grande con paletas en el borde externo se coloca en forma vertical en un arroyo. La fuerza del agua que fluye por encima o por debajo de la rueda, empuja las paletas y hace mover la rueda, que a su vez mueve la muela dentro del molino. Hoy quedan unos pocos molinos de harina movidos por agua. Actualmente las ruedas de agua se utilizan para producir electricidad. El agua de una represa fluye a través de un tipo especial de rueda, llamada **turbina,** que se mueve muy rápidamente alimentando de energía al generador que produce electricidad.

9. ¿Un vehículo sin combustible?

Sí, es posible. En algunas ciudades existen los trolebuses, o sea unos vehículos que funcionan con electricidad proveniente de cables aéreos. Estos ómnibus son silenciosos y limpios, ya que no contaminan el ambiente. Desgraciadamente no pueden funcionar en lugares donde no hay cables aéreos. En la actualidad quedan pocos trolebuses, pero aún se encuentran en muchas ciudades europeas y en Canadá. La pértiga de hierro que transmite la electricidad del cable aéreo al vehículo, se denomina "trole".

10. ¿Es verdad que las computadoras funcionan con pastillas?

Sí, pero no con cualquier clase de pastilla. Las computadoras usan unas pastillas especiales (chips), que son pequeños trozos de silicio, con circuitos eléctricos impresos Estos circuitos eléctricos hacen que la computadora almacene enormes cantidades de información.

11. ¿Hubo alguna vez un avión de vapor?

En 1869, un hombre llamado Frederick Marriot construyó un modelo de avión, con propulsión a vapor. El modelo funcionaba en lugares cerrados, con poca corriente de aire, pero no al aire libre y con viento.

12. ¿Animales con radio?

Los científicos suelen colocarles radios a los animales salvajes, para saber adónde van y qué hacen. No son radios comunes, sino pequeñísimos **transmisores** que envían señales, que luego se recogen en un receptor. Por ejemplo, se le coloca a un oso un collar con el transmisor que emite una señal particular, diferente de la que emite el transmisor de cualquier otro oso. Esto quiere decir que el científico sabe exactamente cuál es el oso que está enviando la señal. Es posible saber adónde va el oso y también dónde se ha puesto a dormir. De esta manera, se aprenden cosas acerca de la vida de los animales, que de otro modo sería imposible investigar.

13. ¿Cómo sube el agua?

El agua sólo fluye hacia abajo, empujada por la fuerza de gravedad. Pero se puede lograr que el agua de los canales se eleve, utilizando las **esclusas.** Una esclusa es un recinto que se puede llenar, o bien vaciar, de agua para permitir el paso de una embarcación de un tramo a otro de diferente nivel. La esclusa posee dos puertas que atraviesan el canal. Cada puerta tiene una compuerta que se levanta para el paso del agua. Cuando un barco desea entrar al canal, la compuerta de la puerta A se levanta y se vacía la esclusa (1) hasta que el nivel del agua sea el mismo del tramo donde está el barco que va a entrar. Luego se abre la puerta, pasa el barco (2) y vuelve a cerrarse junto con la compuerta.

A continuación se abre la compuerta de la puerta B, la esclusa se llena de agua hasta alcanzar el nivel del tramo siguiente, mientras el barco se va elevando (3). Finalmente, se abre la puerta B y el barco sale (4).

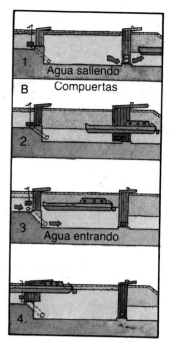

El dibujo muestra cómo funciona el mecanismo de las esclusas.

Un barco atravesando una esclusa en el Canal de Panamá, uno de los más utilizados del mundo.

14. ¿Alguna vez se le pudo haber ocurrido a alguien inventar una bicicleta con ducha?

Sí, alguien ha tenido esta increíble idea.
El curioso invento se remonta al año 1897 y se llamó velocípedo-ducha. El ciclista-bañista debía pedalear rápido para hacer funcionar una bomba que tomaría agua de una bañera ubicada debajo del velocípedo y luego la conduciría a la ducha. El agua bañaba así al ciclista. La idea nunca tuvo éxito. Evidentemente, era un invento muy loco.

15. ¿Hay trenes que flotan sobre las vías?

Lo que permite a un tren pesado flotar sobre las vías no es magia, sino magnetismo.
Los trenes andan más rápido si no se apoyan sobre las vías, por eso se utiliza la fuerza de los imanes para levantarlos. Esto se denomina **levitación magnética.**
Los imanes se atraen o se rechazan según su ubicación. Existe un tipo de trenes que funciona con la atracción. Debajo de las vías hay una guía magnética. Los brazos magnéticos que se encuentran ubicados en la base del tren tocan dicha guía y son impulsados hacia arriba por la fuerza magnética.
Esto hace que el tren se eleve de las vías. En otro sistema (ver dibujo) los imanes ubicados debajo del tren rechazan la guía y lo levantan. En ambos casos el peso del tren es igual a la elevación magnética, por eso el tren flota sobre las vías.

Guía
magnética

16. ¿Qué es una nave HOTOL?

Hay varias ideas para lograr que naves muy rápidas entren en órbita a 300 km de la Tierra. Una de ellas, llamada HOTOL, podría volar desde Europa a Australia en menos de dos horas, despegando y aterrizando en aeropuertos comunes. En un principio, la HOTOL sería automática, sin pilotos ni pasajeros, y se utilizaría para llevar satélites al espacio. Posteriormente, se la podría fabricar también para llevar pasajeros.

17. ¿Los helicópteros pueden volar cabeza abajo?

No, aunque algunos pueden hacer acrobacias. Los helicópteros poseen hélices en la parte superior, que giran rápidamente empujando el aire hacia abajo y haciendo subir el helicóptero. Lo cual significa que es imposible que puedan volar cabeza abajo, ya que las hélices empujarían el aire hacia arriba y forzarían el helicóptero hacia abajo.

18. ¿Existió realmente el sombrero fotográfico?

En la década de 1890 estaban de moda las cámaras tramposas, llamadas "cámaras detective". La gente escondía cámaras muy pequeñas en todo tipo de objetos: corbatas, libros, bolsos y hasta en los sombreros. La cámara era colocada dentro del sombrero y la lente aparecía por un agujero en la parte superior. Para sacar una foto, había que sacarse el sombrero. Pero debe de haber sido muy difícil usarlas sin que nadie se diera cuenta.

Colocación de un dispositivo en un gasoducto.

19. ¿Un robot en las cañerías?

Existe un dispositivo robotizado que se va moviendo dentro de los gasoductos junto con el gas. Este dispositivo "viaja" por el gasoducto adherido a la pared interna del caño por magnetismo.

Los sensores que posee pueden determinar si la cañería está dañada. Mientras el dispositivo revisa la cañería, se registra la información en una pequeña computadora que lleva en su interior.

20. ¿Aviones que "aterrizan" en el agua?

Los aviones que pueden acuatizar, flotar y despegar del agua, fueron construidos por primera vez en 1911. Se los denominaba **hidroaviones** y los utilizaron eficazmente los británicos, durante la Primera Guerra Mundial. En vez de tener ruedas y tren de aterrizaje como las naves actuales, tenían forma de barcos.

En el año 1939, la línea aérea Pan American utilizó los hidroaviones para los vuelos transatlánticos regulares de pasajeros. En algunos lugares actualmente se siguen utilizando pequeños hidroaviones.

21. ¿Hay basura en el espacio?

Sí, mucha basura.
Hay cohetes, satélites antiguos y hasta herramientas que se les cayeron a los astronautas. Lo que sucede es que al no haber gravedad, no se pueden caer a la Tierra. Están allí dando vueltas y vueltas a nuestro alrededor.

22. ¿Alguna vez existió una máquina para mecer cunas?

Este diseño de la década de 1870, es de una mecedora que servía para mecer una cuna y a la vez poner en funcionamiento una máquina para hacer manteca.
El inventor pensó que una mujer podría usar esta silla mientras bordaba. La idea no tuvo éxito.

23. ¿Se puede enviar una carta por teléfono?

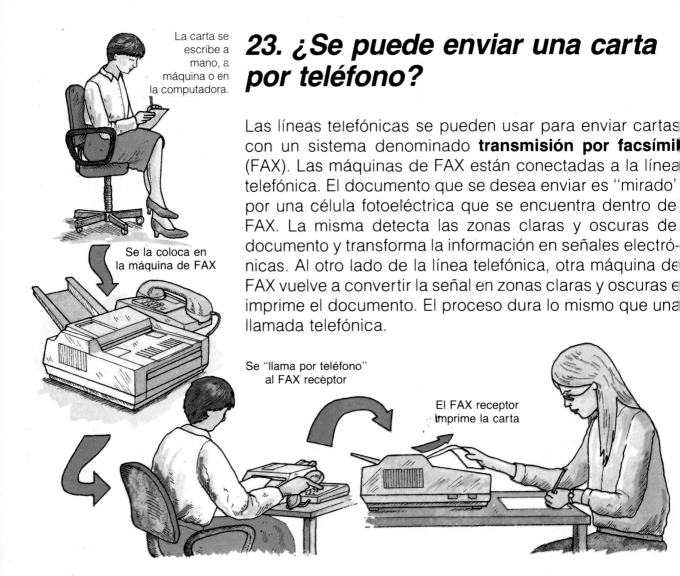

La carta se escribe a mano, a máquina o en la computadora.

Se la coloca en la máquina de FAX

Las líneas telefónicas se pueden usar para enviar cartas con un sistema denominado **transmisión por facsímil** (FAX). Las máquinas de FAX están conectadas a la línea telefónica. El documento que se desea enviar es "mirado" por una célula fotoeléctrica que se encuentra dentro de FAX. La misma detecta las zonas claras y oscuras de documento y transforma la información en señales electrónicas. Al otro lado de la línea telefónica, otra máquina de FAX vuelve a convertir la señal en zonas claras y oscuras e imprime el documento. El proceso dura lo mismo que una llamada telefónica.

Se "llama por teléfono" al FAX receptor

El FAX receptor imprime la carta

24. ¿Es verdad que el primer submarino fue construido en 1620?

En 1620, un pequeño submarino cruzó el río Támesis, en Inglaterra. Su inventor fue un holandés llamado Cornelius Drebbel. El submarino estaba hecho de madera y recubierto de cuero. Se impulsaba con remos y el aire llegaba a través de dos tubos con flotadores en un extremo para que se mantuviesen fuera del agua.

25. ¿Se puede obtener electricidad del Sol?

El Sol irradia energía en forma de calor. Usando un **horno solar** esta energía calórica puede convertirse en otro tipo de energía, electricidad, por ejemplo. El horno solar está formado por espejos y lentes que captan los rayos solares y los concentran sobre una superficie pequeña. El calor concentrado, proveniente de estos rayos, alcanza la temperatura necesaria para que hierva el agua, cuyo vapor pondrá en funcionamiento un generador que produce electricidad.

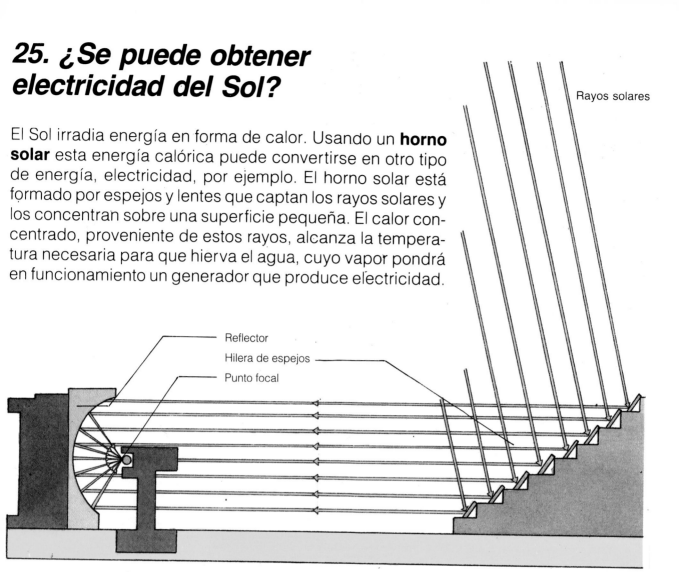

Rayos solares

Reflector

Hilera de espejos

Punto focal

---

26. ¿Una máquina puede leer libros?

*Se puede lograr que una computadora "lea" letras impresas o manuscritas por medio de un **explorador óptico.** Un rayo de luz móvil pasa por la página y convierte lo que "ve" en información que puede almacenarse en la memoria de la computadora y reproducirse posteriormente en forma impresa.*

Esta computadora se está utilizando para explorar una página impresa.

28. ¿Robots que hacen autos?

Los robots son utilizados en muchas fábricas, especialmente las de autos, ya que pueden soldar, pintar y hacer muchas otras cosas que antes hacían los seres humanos. Estos robots no se parecen mucho a una persona: son brazos mecánicos, llamados **brazos robóticos,** programados por una computadora para realizar distintos tipos de trabajo. Son máquinas complicadas que deben moverse como el brazo humano: doblarse, estirarse y torcerse. También se las prepara para medir distancias. Todo esto requiere una cuidadosa programación.

Los brazos robóticos son muy útiles en las fábricas donde es necesario realizar una serie de tareas que son aburridas. Los robots pueden trabajar 16 horas por día sin descanso. También son utilizados para hacer cosas que los seres humanos no pueden hacer, como por ejemplo manipular sustancias peligrosas.

27. ¿Las máquinas de sumar son un invento moderno?

No. Hace más de 300 años que existen máquinas de sumar. La primera fue inventada en 1645 por un matemático francés, llamado Blaise Pascal. La máquina, mediante un sistema de engranajes, solamente sumaba y restaba. Había un modelo especial para contar el dinero.
Después se inventaron máquinas más complicadas que también podían dividir y multiplicar.
Las máquinas similares a la de Pascal fueron utilizadas durante cientos de años, hasta que más tarde se inventaron las calculadoras modernas.

29. ¿Azúcar en lugar de nafta?

El azúcar puede transformarse en un producto químico, llamado etanol. El etanol es un alcohol que mezclado con nafta puede usarse como combustible permitiendo que la nafta dure más. En países como Brasil, donde la nafta es cara y se cultiva la caña de azúcar, se usa dicha mezcla de manera corriente y lleva el nombre de alconafta. También se usa en el norte de Argentina.

Robot utilizado para fabricar puertas de autos.

0. ¿Es verdad que los bumerangs regresan?

os bumerangs son una especie de palos curvados y chatos
ue usan los indígenas australianos, tradicionalmente para la
za. Casi todos están diseñados de manera muy simple,
icamente para golpear a las presas. Pero algunos están
lados de una forma curvada especial, que les permite reco-
r un gran círculo y volver al punto de partida.

31. ¿Se puede llevar un televisor en la muñeca?

Así es, aunque parezca imposible.
Hay televisores tan pequeños, que pueden entrar en un reloj de pulsera. La pantalla consta de un visor con células de cristal líquido, por donde pasa una corriente eléctrica. A medida que la corriente cambia, las células se vuelven claras u oscuras y forman así la imagen. Además de mirar algún programa, también se puede ver la hora.

32. ¿Alguna vez hubo cocinas de madera?

Muchas de las cocinas de gas fabricadas en la década de 1860 parecían de madera, mejor dicho, eran de madera, aunque parezca imposible.
Afortunadamente, la madera estaba sólo del lado de afuera, el interior era de hierro forjado rodeado por una capa de arcilla refractaria.
La madera y la arcilla ayudaban a evitar que se escapase el calor del horno.

33. ¿Existe un elástico de cama volador?

"Elástico de cama volador" era el apodo de una nave construida por Rolls Royce en la década de 1950. La gente decía que se parecía a una antigua cama de hierro. Podía despegar y aterrizar verticalmente. Los modernos **VTOL,** * de despegue y aterrizaje vertical, parecen aviones comunes pero tuvieron su origen en el elástico de cama volador.

*VTOL (Vertical Take-Off and Landing)

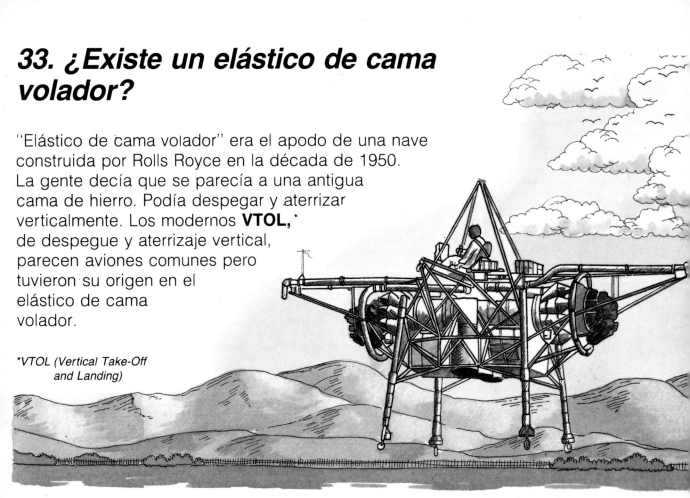

34. ¿Hay trenes que van a 270 km por hora?

El tren más rápido del mundo es el tren francés Grande Vitesse (TGV). Funciona a electricidad, con cables aéreos. Puede viajar a 270 km.p.h. sobre rieles comunes que fueron adaptados para soportar dicha velocidad.
Este tren tan moderno también puede andar sobre rieles comunes, sin necesidad de hacerles ninguna modificación, aunque reduciendo bastante la velocidad.

35. ¿Un avión puede volar sin piloto?

*En las aeronaves modernas no es necesario que el piloto esté a cargo de los controles todo el tiempo. Cuando la nave está en pleno vuelo, se puede hacer uso del **piloto automático**, que en realidad no es un robot sino un sistema incorporado a los controles de la nave, que hace que pueda volar a la altura, velocidad y dirección correctas.*

El piloto puede volver a tomar los controles en el momento en que lo crea necesario. Gracias al piloto automático, un avión puede aterrizar incluso en una pista totalmente oculta y en malas condiciones meteorológicas.

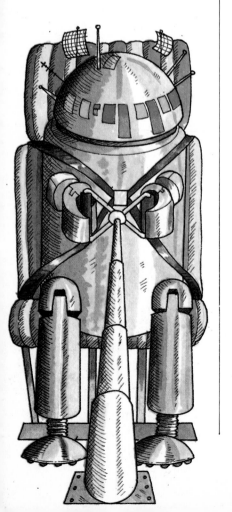

36. ¿Cuánto tiempo puede estar sumergido un submarino?

Hay dos tipos de submarinos: los eléctricos-diesel y los nucleares. Los eléctricos-diesel tienen que subir a la superficie con bastante frecuencia para recargar las baterías que utilizan cuando están debajo del agua. Los submarinos nucleares no necesitan hacerlo y pueden permanecer bajo la superficie por mucho tiempo. En 1960, el submarino norteamericano *Tritón* navegó debajo del agua alrededor del mundo a lo largo de 57.946 km. Otros submarinos nucleares han navegado por debajo del hielo polar desde Alaska a Groenlandia.

37. ¿Para qué se inventó el radar?

El radar, cuyo nombre proviene de las palabras inglesas **Radio Detection And Ranging** (Detección Radial y Amplitud), fue inventado en la Segunda Guerra Mundial y es utilizado por los aviones y los barcos para "ver" en la oscuridad. Funciona emitiendo señales de radio que al chocar contra algo sólido, rebotan y son recogidas por un receptor. Estos "ecos" aparecen en una pantalla en forma de puntos de luz. La distancia y dirección del objeto se calcula a partir de la posición de las luces.

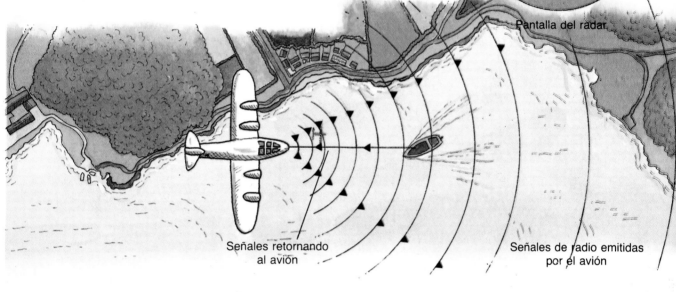

Pantalla del radar

Señales retornando al avión

Señales de radio emitidas por el avión

38. ¿Existen los inodoros eléctricos?

La mayoría de los inodoros utilizan el agua para eliminar los desechos. Pero se consume mucha y en algunos lugares no se puede desperdiciar. Una solución es quemar los desechos.
El inodoro eléctrico es un poco más difícil de usar que el común. Es necesario forrar el recipiente con un trozo de papel encerado y después de haberlo usado, presionar un pedal que hace que los desechos caigan en una bandeja de acero. Allí se queman hasta convertirse en ceniza.

39. ¿Las computadoras hablan?

Se puede lograr que las computadoras hablen por medio de un **sintetizador de voz.** La voz que se escucha es de una persona real. Se graban miles de palabras que son convertidas en señales eléctricas y que se almacenan en la memoria de la computadora de manera digital. Cuando se pone en funcionamiento la computadora, las señales vuelven a transformarse en sonidos mediante el sintetizador de voz. Suena casi igual a la voz humana.

SÍ, YO PUEDO HABLAR CON USTED.

40. ¿Los submarinos y los barcos usan el sonido para saber qué ocurre bajo el agua?

Los barcos y los submarinos usan un sistema de sonidos llamado Sonar, para saber qué ocurre debajo del agua. Sonar proviene de las palabras inglesas **Sound Navigation And Ranging,** que significan Navegación por Sonido y Amplitud. Hay Sonar pasivo y activo. El pasivo es el que busca el sonido de submarinos bajo el agua. Con el Sonar activo, las ondas sonoras son disparadas al agua. Si la onda sonora encuentra un objeto sólido, como por ejemplo un barco hundido, un submarino o hielo, produce un eco. El sistema del Sonar puede detectar el tamaño del objeto y a qué distancia se encuentra. El Sonar también se utiliza para buscar cardúmenes y es capaz de determinar a qué tipo de peces pertenece.

Eco reflejado por el submarino

Ondas de sonido emitidas por el barco

41. ¿Hay pianos que tocan solos?

Las *pianolas* o pianos que tocan solos fueron inventados en la década de 1890. Se parecen a los pianos comunes, pero poseen una maquinaria que hace sonar las teclas. La maquinaria utiliza un rollo de papel con una serie de agujeritos. Cuando se mueve el rodillo, el aire que pasa por los agujeritos hace funcionar unas válvulas que mueven las teclas. Las pianolas funcionan movidas por pedales o mediante la corriente eléctrica.

Hace cien años, era común que la gente se entretuviese cantando en reuniones. La pianola permitía que muchas personas que no sabían música, pudieran tocar el piano.

---

42. ¿A qué profundidad navega un submarino?

Depende de la profundidad del agua. El **batiscafo** es una nave sumergible, diseñada para explorar las profundidades del océano. En 1960, el batiscafo *Trieste* se sumergió en la fosa de las Marianas, en el océano Pacífico, a 11.000 metros, el punto más bajo en océanos. El batiscafo está formado por dos partes: una cabina de acero donde se sienta el piloto y un flotador que es más liviano que el agua. Posee unos tanques a los costados que cuando se llenan de agua lo hacen sumergirse. Para volver a subir, el piloto suelta unas pesas de hierro. Al hacerse más liviana, la nave es impulsada hacia arriba por el flotador.

43. ¿Se puede usar el radar para cocinar?

El radar fue inventado en la Segunda Guerra Mundial como un medio para lograr que los pilotos "viesen" en la oscuridad, usando ondas de radio de alta frecuencia (ver pág. 25). Los hornos de microondas usan este mismo tipo de ondas radiales, las cuales son disparadas hacia los alimentos. Estas ondas hacen que las pequeñas moléculas que forman los alimentos se muevan muy rápidamente, primero en una dirección y luego en otra. Con el movimiento se calientan mucho, calentándose así la comida

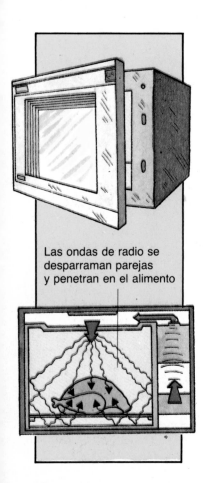

Las ondas de radio se desparraman parejas y penetran en el alimento

44. ¿Un triciclo para andar por el agua?

Los ingleses siempre han inventado todo tipo de aparatos y máquinas, ya sea cosas verdaderamente útiles, como otras que no han logrado el menor de los éxitos.
Un invento muy original fue el "triciclo acuático". Se parecía mucho a un triciclo común, excepto por las ruedás que lo mantenían a flote y estaban equipadas con aletas para moverse en el agua. El "triciclo acuático" podía andar también sobre la tierra, pero seguramente debe de haber sido muy difícil pedalearlo.

45. ¿Podrían los satélites del espacio producir electricidad sobre la Tierra?

Los satélites podrían usarse también para recoger la energía del Sol y enviarla a la Tierra. El satélite tendría que llevar grandes cantidades de **células solares,** que están formadas por pequeñas astillas de silicona mineral, pintadas con unos productos químicos especiales. Cuando la luz del Sol toca estas células, se esparce sobre la capa de productos químicos en la superficie de la célula, produciendo pequeñas cantidades de electricidad. Se podría recoger la electricidad de todas estas células solares del satélite, convertirla en micro ondas y dirigirla a la Tierra, donde luego se volvería a convertir en electricidad.

46. ¿Inodoros en el espacio?

Los astronautas necesitan los inodoros como cualquier persona. Hay inodoros a botón en el transbordador, pero con un diseño especial para resolver los problemas de la falta de gravedad. Para evitar que los desechos floten en el espacio, este inodoro del transbordador posee un sistema especial de eliminación, con una bomba al vacío que aspira los desechos cuando se aprieta el botón. Los desechos líquidos son trasladados a un tanque y después de un tiempo arrojados al espacio. La materia sólida, en cambio, es secada por congelación y de ese modo traída de regreso a la Tierra.

Supongamos que son las 12.00 hs en Londres (Inglaterra)...

serán las 7.00 hs en Nueva York (Estados Unidos)...

las 4.00 hs en California (Estados Unidos)...

La Tierra está dividida en 24 **husos horarios.** *Si nos desplazamos hacia el este, cada huso tiene una hora de adelanto respecto del anterior (más temprano). Y si vamos hacia el oeste, una hora de retraso (más tarde).*

47. ¿Por qué no se fabrican autos de plástico?

La carrocería de los autos casi siempre es de metal, ya que es un material fuerte y barato.
La industria automotriz ha intentado usar plástico, pero es muy costoso.
Algunos autos se han hecho con fibra de vidrio, como el que aparece en la foto. Pero éstos han sido casos excepcionales.
El plástico se usa para los interiores: el tablero, las fundas de los asientos y el volante son de este material.

48. ¿Se puede llegar a un lugar antes de haber partido?

y las 22.00 hs en Sydney (Australia).

Es posible llegar a un lugar antes de la hora de partida, siempre que uno viaje muy rápidamente de un huso horario a otro. Por ejemplo, el *Concorde* vuela de Londres a Nueva York, en poco más de tres horas. En Nueva York la diferencia horaria es de cinco horas menos que en Londres. ¡Cuando el *Concorde* llega a Nueva York, son dos horas más temprano que al salir de Londres!

G-BOAG

49. ¿Los hovercrafts usan falda?

El hovercraft, o aerodeslizador, envía aire hacia un compartimiento que posee en la parte inferior. Dicho aire forma un colchón debajo de la nave. Este colchón debe mantenerse en su lugar: si se escapara demasiado aire, no funcionaría bien y el hovercraft no flotaría. La nave posee una falda de caucho flexible alrededor de la base, que mantiene el colchón de aire. El hovercraft viaja sobre barro, hielo, ríos y mares agitados.

Hélice

Falda de caucho flexible

Ventilador que aspira aire y lo envía hacia abajo

Colchón de aire

50. ¿Un auto puede correr a más de 1000 km por hora?

Varios son los autos que han sido diseñados especialmente para correr a más de 1000 km.p.h. El récord oficial de 1019 km.p.h. fue batido en 1983 por un corredor inglés llamado Richard Noble, en un auto a chorro que se llamó *Thrust 2*.

Existe otro récord, no oficial pero más veloz, del año 1979 batido por Stan Barret en un auto con cohetes llamado *Budweiser Rocket,* que alcanzó una velocidad de 1190,377 km.p.h.

El Thrust 2 se fabricó como un gran tubo de acero y con paneles de aluminio. Sus motores a chorro consumían 189 litros de combustible por minuto.

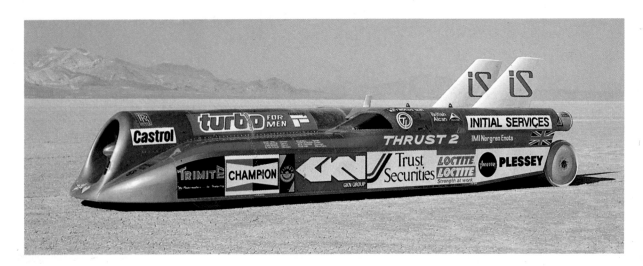

51. ¿Puede volar un avión sin motor?

Hay muchas naves aéreas sin motor: son los planeadores. Son muy livianos y están diseñados para flotar en las corrientes de aire. Los planeadores llevan sólo una persona. Son impulsados al aire por montacargas ubicados en tierra, o mediante aviones pequeños. Una vez que el planeador ha logrado una velocidad de vuelo suficiente para vencer la fuerza de gravedad, se suelta la cuerda de remolque. El piloto utiliza las corrientes de aire ascendente para lograr que el planeador flote hacia arriba y a favor del viento, y vaya así en la dirección correcta. La mayor distancia que ha alcanzado un planeador es de 15.000 km.

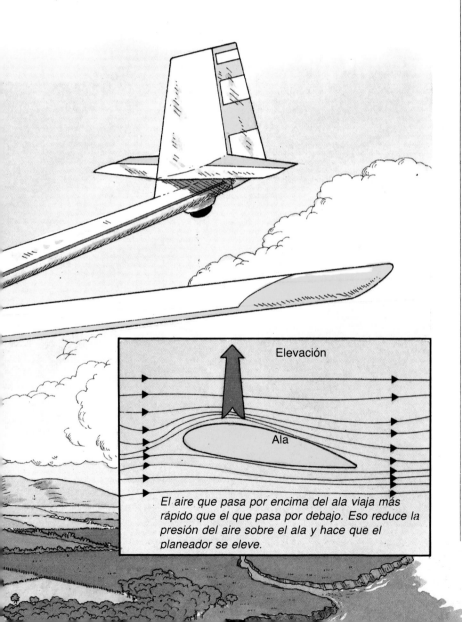

Elevación

Ala

El aire que pasa por encima del ala viaja más rápido que el que pasa por debajo. Eso reduce la presión del aire sobre el ala y hace que el planeador se eleve.

52. ¿Existen los robots que alcanzan las pantuflas?

¡Ojalá existieran! A menudo la gente sueña con tener un robot capaz de hacer ciertas cosas, como por ejemplo alcanzar las pantuflas. Mucha gente ha tratado de fabricarlos, pero es virtualmente imposible programar el robot, que es nada más ni nada menos que una computadora, para que sepa por ejemplo dónde uno ha dejado las pantuflas u otras cosas similares. Es decir que hasta ahora no existe ese tipo de robot, y probablemente nunca exista.

53. ¿Existen las máquinas para votar?

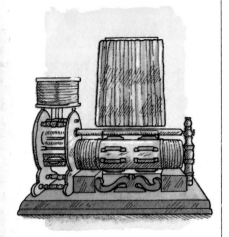

Se utilizan en Estados Unidos. Fueron inventadas en 1892 y eran similares a la de este dibujo.
Las máquinas actuales muestran los nombres de cada candidato.
El votante mueve un puntero para indicar por quién vota. Esto pone en funcionamiento un contador dentro de la máquina, que registra cada voto. Gracias a ella, se pueden obtener rápidamente los resultados de la elección.

54. ¿Un hombre mecánico jugando al ajedrez?

Hacia fines del 1800, había un famoso "robot" que jugaba al ajedrez. Era un hombre mecánico que jugaba sentado frente a un escritorio con puertas para que la gente pudiera mirar en su interior.

Parecía que no había nadie adentro y que en realidad era el muñeco el que jugaba, pero no era así en absoluto, lo que sucedía es que había una persona escondida en el muñeco y parte del escritorio, que era la que movía las piezas del ajedrez.

55. ¿Se fabrican barcos para hundirse?

Existe un tipo de barco que se fabrica para hundirlo en forma parcial. Se llama **plataforma instrumental flotante.** Se lo remolca mar adentro y luego se lo llena parcialmente de agua para que se hunda; la popa queda fuera del agua, en forma vertical, constituyendo así una plataforma para investigaciones científicas. No se mueve mucho cuando el mar está picado.

56. ¿Los mensajes telefónicos viajan por el espacio?

Las llamadas telefónicas de larga distancia a menudo viajan por el espacio. Los mensajes telefónicos se transmiten como señales eléctricas por medio de cables, de un teléfono a otro. Cuando estas señales tienen que viajar distancias muy grandes, se convierten en ondas de radio y viajan parte del trayecto de esta manera. En distancias mucho más largas, como por ejemplo de un continente a otro, estas ondas de radio pueden dispararse al espacio, hacia un **satélite de comunicaciones** donde rebotan y son captadas de nuevo por un receptor en la Tierra, que las vuelve a transformar en señales eléctricas y las envía a través de un cable a un intercomunicador telefónico.

57. ¿Alguna vez un robot podrá hacer las tareas del hogar?

Sería difícil programar un robot para hacer cierto tipo de tareas del hogar. No reconocería la ropa sucia, por lo tanto no podría lavar. Pero los robots de limpieza pueden limpiar los pisos y además se los programa para no tropezarse con los objetos.

58. ¿Un auto puede andar por el agua?

Un auto puede andar por el agua si es liviano y está equipado con flotadores. Los Volkswagens fueron adaptados para andar por el agua, pero lamentablemente los resultados no fueron demasiado buenos.

59. ¿Se puede bombear agua sin un motor?

La gente ha estado usando bombas sin motor durante años, son las llamadas **bombas hidráulicas,** que se usan aún en muchas partes del mundo. El dibujo muestra cómo funcionan. Cuando se levanta el pistón, se produce un vacío entre las dos válvulas. A través de la válvula inferior se aspira el agua para llenar dicho vacío. Cuando el pistón baja, se abre la válvula superior y el agua es empujada hacia arriba. Luego se levanta el pistón nuevamente y el agua sale de la bomba.

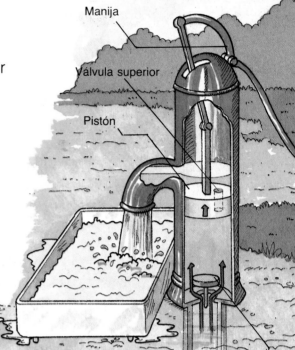

Manija

Válvula superior

Pistón

Válvula inferior

1. Se levanta el pistón.
Se aspira el agua y entra en la cámara, entre el pistón y la válvula inferior.

2. Se baja el pistón.
El agua es conducida hacia arriba a través de la válvula superior.

3. Se levanta el pistón.
El agua sale con fuerza de la bomba y penetra más agua en la cámara.

---

60. ¿Se pueden usar los minerales para dar la hora?

Muchos de los relojes que se usan actualmente llevan cristales de cuarzo. Este mineral es muy común y se encuentra en muchos tipos de rocas, incluyendo el granito y también la piedra pómez.
Cuando se lo coloca en un circuito eléctrico, los cristales de cuarzo vibran a un ritmo constante por segundo.
Los relojes usan esta vibración para mover un motor eléctrico que a su vez hace funcionar el mecanismo por el que aparece la hora en el visor.

61. ¿Un avión en vuelo puede cargar combustible?

Desde la década del 30 se puede lograr que una nave en vuelo cargue de combustible a otra. Las dos naves deben estar volando exactamente a la misma velocidad. La nave que recibe combustible se une a la otra mediante un caño que lleva el avión tanque. La idea sirvió originariamente para proveer en vuelo a los primeros aviones de pasajeros, que no podían recorrer largas distancias sin recargar combustible. Actualmente usan este método los aviones militares que deben recorrer muy largas distancias.

62. ¿Hay máquinas para esquilar ovejas?

Ya se ha inventado un robot para esquilar ovejas. La máquina levanta a la oveja y la sostiene, mientras unas tijeras cortan la lana. Posee unos sensores electrónicos que se aseguran de no lastimar la piel del animal.

63. ¿Qué es un conejo eléctrico?

Los conejos eléctricos se utilizan en las carreras de galgos. El conejo corre por la pista sobre una vía eléctrica y los perros lo persiguen, aunque nunca logran alcanzarlo.

64. ¿Es posible que una cortadora de césped "vuele"?

Podríamos decir que sí. Este tipo de cortadora posee un ventilador que envía el aire hacia un compartimiento vacío, debajo de la cortadora, que forma un colchón de aire.
El aire presiona hacia abajo y hace que la cortadora se levante. "Vuela" sobre el suelo facilitando el corte del pasto

65. ¿Se puede usar agua para hacer funcionar una máquina?

Las máquinas de vapor necesitan agua para funcionar, pero también necesitan combustible, como por ejemplo, carbón. Actualmente no se utilizan mucho las máquinas de vapor, pero en el pasado daban energía a máquinas fabriles, locomotoras y autos. Se calienta el agua para producir vapor que da presión dentro de un cilindro.
La presión mueve un sistema de pistones y barras que hacen mover las ruedas.

*Los líquidos son capaces de transmitir fuerza en todas las direcciones al mismo tiempo. El diagrama muestra cómo funciona una **prensa hidráulica.** Si uno presiona hacia abajo sobre el pequeño pistón A, la presión se transmite en forma pareja a través de todo el líquido al pistón más pesado, el B. El pistón B se levanta pero en menor medida que el A.*

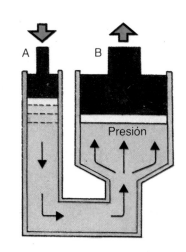

66. ¿Un perro en la cocina?

Si hubiésemos visto la cocina de un castillo en la Edad Media, habríamos descubierto que los perros ayudaban a cocinar la carne. En aquellos días, la carne era asada directamente sobre el fuego, atravesada por una varilla llamada **espetón,** que se hacía girar para que la carne se cocinara pareja. A veces, el espetón estaba unido a una rueda, dentro de la cual se encerraba a un perro. Los esfuerzos del perro por escapar, hacían girar la rueda y el espetón. A este cruel invento se lo denominaba **noria.**

67. ¿Existe una máquina que funcione continuamente?

Ninguna máquina podría funcionar sola continuamente. Aunque anduviese lo más suavemente posible, la fricción (roce) haría que perdiese velocidad, hasta detenerse.
Las máquinas necesitan energía humana o motriz para funcionar.

Este dibujo muestra uno de los tantos intentos de lograr una máquina de movimiento continuo, es decir que jamás deje de funcionar. Como las demás, ésta también fracasó.

ÍNDICE